JUNG

100 MINUTOS
para entender
JUNG

2ª edição

Copyright © 2022 Astral Cultural
Todos os direitos reservados à Astral Cultural e protegidos
pela Lei 9.610, de 19.2.1998. É proibida a reprodução total ou parcial sem
a expressa anuência da editora.

Editora Natália Ortega
Produção editorial Esther Ferreira, Jaqueline Lopes, Renan Oliveira e
Tâmizi Ribeiro
Revisão João Rodrigues
Capa Agência MOV

Dados Internacionais de Catalogação na Publicação (CIP)
Angélica Ilacqua CRB-8/7057

C655   Coleção saberes : 100 Minutos para entender Jung.
       — 2. ed. — Bauru, SP : Astral Cultural, 2022.
       144 p. (Coleção Saberes)

       Bibliografia
       ISBN 978-65-5566-279-5

       1. Jung, C. G. (Carl Gustav), 1875-1961 2. Psicologia analítica
       3. Psicólogos 4. Psiquiatras
22-4535   CDD 150.195

Índices para catálogo sistemáticos:
1. Psicólogos

BAURU
Rua Joaquim Anacleto
Bueno 1-20
Jardim Contorno
CEP: 17047-281
Telefone: (14) 3879-3877

SÃO PAULO
Rua Major Quedinho, 111
Cj. 1910, 19° andar
Centro Histórico
CEP 01050-904
Telefone: (11) 3048-2900

E-mail: contato@astralcultural.com.br

SUMÁRIO

Apresentação	7
Biografia	11
Contexto histórico	31
Em busca da individuação	45
Legado	83
Controvérsias e críticas	117

APRESENTAÇÃO

Nunca antes se produziu tanta informação como na atualidade. Nossos dados estão armazenados em redes sociais, órgãos governamentais e corporações privadas, e se espalham de forma acelerada. Basta procurar um termo na internet para conhecer detalhes da vida ou do trabalho de um político, filósofo, artista, historiador ou cientista. Essa facilidade vem transformando a assimilação dessas informações em uma prática trivial, já que elas estão apenas a um clique ou uma pesquisa de voz.

Mas nem sempre esse conteúdo virtual está alinhado, objetivo ou coerente. E isso confirma que acessar informações é diferente de adquirir conhecimentos. Por isso, a *Coleção Saberes* chega com esse propósito: apresentar ideias e teorias de uma forma organizada, sintetizada e dinâmica.

Nesta obra, apresentamos a trajetória de Carl Jung, o fundador da psicologia analítica – ou junguiana – e formulador de importantes conceitos sobre a psique humana, tais como os arquétipos, o inconsciente coletivo, os tipos de personalidade e a individuação. Nascido na Suíça em 1875, Jung foi amigo do fundador da psicanálise Sigmund Freud durante cerca de uma década e chegou a ser considerado seu sucessor natural. Entretanto, em virtude de uma ruptura, acabou seguindo um caminho próprio.

Nas páginas a seguir, descubra mais sobre as importantes descobertas do suíço no estudo da psicologia, a concepção sobre os sonhos – e como interpretá-los –, além das principais heranças intelectuais e controvérsias que gerou com suas teorias, como as acusações de antissemitismo e o envolvimento amoroso com pacientes.

"

1

BIOGRAFIA

Ao falar de psicologia junguiana ou analítica, logo a associamos a seu criador, o psiquiatra suíço Carl Gustav Jung (pronuncia-se iúng). Esta corrente, que considera e trabalha a psique de uma maneira mais integrada às realidades sociais e culturais, revelou descobertas de padrões simbólicos como a forma de expressão do nosso inconsciente. Porém, essa não foi a única contribuição dos estudos de Jung. O médico também deu origem aos conceitos de inconsciente coletivo e arquétipos, determinou a importância do processo de individuação como um caminho de autoconhecimento que visa à integração de todas as nuances da personalidade da pessoa e ainda desenvolveu métodos para atribuir diversos tipos de personalidade aos indivíduos.

Embora exercesse sua profissão como médico e se considerasse um cientista, muito do trabalho de sua vida foi voltado a explorar áreas tangenciais à ciência, incluindo a filosofia oriental e ocidental, alquimia, astrologia e sociologia, bem como literatura e artes. Seu interesse pela filosofia e ocultismo levaram muitos a vê-lo como um místico.

Infância

Carl Jung nasceu na Suíça, em 26 de julho de 1875, na cidade de Kesswill. Seu pai e vários de seus parentes próximos eram pastores luteranos. Desde muito cedo, mostrou-se uma criança com capacidade intelectual acima da média e era dotado de grande sensibilidade.

Sua família tinha fortes referências religiosas, sobretudo seu pai, formado em idiomas orientais na Universidade de Göttingen, que se tornou um pastor de fé fervorosa e capelão junto ao Hospital de Doenças Mentais Friedmatt.

Além de vários tios também pastores, seu avô materno, Samuel Preswerk, teólogo e conhecedor da língua hebraica, que julgava ser a língua falada no céu, era presidente dos pastores da cidade suíça de Basileia e um dos primeiros defensores do sionismo – movimento que defendia um estado para Israel. Espiritualizado, seu avô conversava com a primeira esposa depois de ela ter falecido. Sua segunda cônjuge, por sua vez, era considerada clarividente, assim como outros membros da família, e esses fenômenos fascinavam o pequeno Carl.

Totalmente ciente de si

A psicologia analítica, fundada por Jung, busca fazer o paciente descobrir quem ele realmente é por meio da integração dos aspectos que o compõem, inclusive os opostos.

Ao ser questionado a respeito de qual idade ficou totalmente consciente de si mesmo, o suíço afirmou que foi com onze anos – no momento em que estava indo para escola, ele mesmo atingiu a consciência de si mesmo. Segundo Jung, a experiência foi como se estivesse caminhando no interior de uma neblina e, então, pôde perceber que ele era, simplesmente, o que era, e os outros eram os outros.

Já aos doze anos, um incidente acabou dando um novo rumo à sua vida. Ao ser agredido por um de seus colegas, Carl não quis mais ir ao colégio e deixou de frequentá-lo por cerca de um ano.

Talvez impulsionado sobre o que faria de seu futuro, o menino passou a estudar na biblioteca de sua casa. Lá, encontrou obras de grandes e importantes filósofos, como Schopenhauer, Kant, Nietzsche e Goethe, as quais devorou durante parte de sua adolescência.

Episódio religioso

Ainda com doze anos, Jung teve uma experiência que marcou para sempre sua religiosidade, com relação ao Cristianismo e seu pai. Um dia, voltando do colégio, viu a Catedral da Basileia, cuja beleza tanto admirava, e imaginou Deus sentado acima dela, em um trono de ouro, no céu. Nesse momento, o suíço teve uma visão de Deus defecando sobre a Catedral, o que resultou na destruição completa da edificação.

Durante dois dias, Jung buscou apagar de sua mente o que vira, pois sabia que a imagem poderia ser uma blasfêmia terrível e imperdoável. No entanto, a visão que tivera foi se tornando cada vez mais obsessiva, a ponto de fazê-lo pensar que Deus queria que ele pecasse, assim como Adão e Eva haviam feito, para descobrir algo muito importante.

Desesperado, resistiu ao máximo, mas, de repente, cedeu e viu novamente a mesma imagem. A experiência é relatada no livro *Sonhos, Memórias e Reflexões*, escrito por Carl em conjunto com Aniela Jaffé.

A terrível visão inicialmente o aliviou, mas depois o deixou marcado para sempre, mostrando que o Deus vivo não era só bom e que poderia ser terrível em suas exigências, inclusive naquela em que levou seu filho Jesus à cruz. Essa experiência era completamente diferente de tudo o que lhe haviam ensinado em sua educação religiosa, que prezava somente pela bondade das figuras de Jesus e Deus.

Ciência sem contraste com a religião

Carl Jung ingressou na faculdade de medicina aos vinte anos, na Basileia. Durante o período em que esteve no curso, teve dúvidas entre se especializar em cirurgia ou medicina interna.

Formou-se no ano de 1900 e não optou por nenhuma dessas especializações, direcionando-se à psiquiatria, pois viu na área dos estudos da mente uma oportunidade para unificar seu interesse em desvendar as patologias dos seres humanos com as aspirações pela antropologia, arqueologia e outras áreas que estudam, principalmente, o comportamento de indivíduos.

Carl trabalhou em um hospital na cidade de Zurique como assistente do psiquiatra Eugen Bleuler. O médico é famoso por ter criado o conceito de demência precoce – o transtorno que conhecemos hoje como esquizofrenia. Jung fez doutorado e baseou sua tese no comportamento de uma médium em particular: a garota de quinze anos que atuava nos cultos que frequentava.

> Fundador da escola da psicologia analítica, Jung desenvolveu conceitos como self, personalidade extrovertida e introvertida, tipos psicológicos, arquétipos, complexos e inconsciente coletivo.

Aos trinta anos, tornou-se professor de psiquiatria na Universidade de Zurique, na Suíça. Na época, já era um profissional bem-sucedido, ainda dividindo o tempo entre atendimentos em sua clínica particular e como médico-chefe na clínica psiquiátrica Burgholzli, um dos centros médicos mais reconhecidos daquele tempo.

Era nesse local que fazia investigações sobre as reações psíquicas de pessoas com transtornos psicológicos. Lá também desenvolveu o tema dos complexos – um conceito-chave de suas teorias que, posteriormente, foi muito estudado pelo psicanalista Sigmund Freud.

Filosofia junguiana

Conforme estabelecia o seu treino prático na clínica, Carl Jung conduziu estudos com a associação de palavras, aplicando o teste em seus pacientes com esquizofrenia (saiba mais sobre a associação de palavras no capítulo 4). Já nessa época, o psiquiatra propunha uma atitude humanista frente aos pacientes, acreditando que eles deveriam ser analisados como um todo, em conjunto com seu contexto cultural, social ou ainda religioso. O suíço realizava perguntas referentes ao homem em sua totalidade e não se limitava apenas aos sintomas apresentados. Desde cedo, ele já adiantava a ideia que tem ganhando força nos dias de hoje em diversos campos do conhecimento sob o nome de "holismo" – ponto de vista do homem integral –, afirmando que, diante do paciente, só existe a compreensão individual.

Por isso, evitava generalizar um método para um determinado tipo de anomalia psíquica. Jung acreditava que cada encontro era único e dependia da maneira como analista e paciente se relacionavam. Sendo assim, a terapia analítica não podia incorrer em qualquer tipo de padronização.

Proximidade e ruptura com Freud

O jovem médico passou a ganhar destaque por conta de seus estudos relacionados ao teste de associação de palavras de Galton, que futuramente se tornaria base para o detector de mentiras. Carl, então, leu o livro *A Interpretação dos Sonhos*, publicado por Sigmund Freud em 1899, e começou a usar conceitos formulados pelo pai da psicanálise em seus trabalhos acadêmicos.

Desejando entrar em contato com Sigmund, Carl lhe mandou uma cópia de seu próprio monólogo *A psicologia da demência precoce*, juntamente de uma carta na qual defendia a teoria freudiana. A resposta que recebeu consolidou a aproximação: Freud afirmou que já havia adquirido um exemplar do trabalho de Jung, e aprovava seu conteúdo. A relação renderia, durante cerca de seis anos, mais de 359 cartas trocadas entre os teóricos.

Jung e Freud viajaram e trabalharam juntos, mas as divergências sobre determinadas questões, como a libido e o inconsciente coletivo, além de questões pessoais dos dois teóricos, promoveram o rompimento dessa amizade em 1914. Antes disso, como é exposto na coletânea de correspondências organizada por William McGuire, os psicólogos entraram em diversos conflitos que envolviam desde as teorias até o comportamento de um ou do outro.

Depois da publicação da obra *Símbolos da Transformação*, que marcou o ponto final na relação com Freud, Carl renunciou ao cargo de conferencista na Universidade de Zurique e se recolheu em casa. Lá se dedicou ao atendimento dos pacientes e aos trabalhos de pesquisa, o que culminou em obras significativas para a psicologia analítica e seus preceitos.

Família

Em 1903, Jung se casou com Emma Rauschenbach, filha de um importante industrial da época. Emma não foi apenas sua esposa, como também se tornou analista e pesquisadora da corrente junguiana. É conhecida também por escrever a obra *Animus e Anima*, na qual aprofunda os conceitos e as aplicações desses dois arquétipos.

> Jung tinha respeito pelo fato de Freud levar a sério a psicologia individual de cada um dos seus pacientes neurodivergentes. Por isso, recebeu fortes influências das pesquisas do austríaco, tornando-se um grande colaborador de Sigmund no início de sua carreira.

O fato de ela ter participação nas ações de uma companhia lhe garantiu uma boa estabilidade financeira por décadas. Com Emma, Carl teve cinco filhos. No entanto, o suíço manteve relações extraconjugais com suas pacientes e discípulas. Algumas delas perduraram por décadas, como foi o caso da analista junguiana e cofundadora do Clube de Psicologia de Zurique, Toni Wolff, a quem Jung chegou a levar para trabalhar consigo em casa, junto da família.

Outro caso famoso é o de Sabina Spielrein, uma paciente russa que se envolveu em polêmicas amorosas com o psiquiatra após ser atendida por Jung. Segundo relatos, neste período, Emma esteve próxima de pedir o divórcio para o marido infiel, mas permaneceu ao seu lado até sua morte, em 1955.

Últimos momentos

Carl Gustav Jung morreu no dia 6 de junho de 1961, aos 86 anos, em sua casa, às margens do lago de Zurique, em Küsnacht. Após uma longa vida produtiva, deixou seu legado em diversas áreas de estudo além da psicologia, sendo referência até os dias atuais em campos como o da antropologia, sociologia, arte, literatura e mitologia.

PARA FIXAR NA MEMÓRIA

▶ A corrente junguiana revelou descobertas de padrões simbólicos, como a forma de expressão do inconsciente;

▶ Cercado por referências religiosas na família, desenvolveu forte interesse pela espiritualidade;

▶ Formou-se em medicina em 1900 e se especializou em psiquiatria. Fundador da escola da psicologia analítica, ele desenvolveu conceitos como *self*, arquétipos e inconsciente coletivo;

▶ O teste de associação de palavras de Galton permitiu que Jung tivesse seu primeiro contato com Sigmund Freud, dando início a uma amizade que seria marcada por um forte sentimento de admiração e, posteriormente, de ruptura;

▶ Em 1903, Jung se casou com Emma Rauschenbach, com quem teve cinco filhos. No entanto, manteve relações extraconjugais durante o matrimônio;

▶ Carl Gustav Jung morreu no dia 6 de junho de 1961, aos 86 anos, em sua casa, às margens do lago de Zurique.

2

CONTEXTO HISTÓRICO

Para falar da origem da psicologia, a correlação com a vida de Sigmund Freud é inevitável. O austríaco utilizou elementos observados à sua volta como base para criar suas teorias sobre a mente e o comportamento humano, buscando compreender e explicar a gênese da histeria, da psicose e da neurose. Além disso, fez explanações sobre o que denominou de composição da mente humana. Todos esses estudos e métodos terapêuticos criados resultaram no que conhecemos como psicanálise, a vertente mais difundida na psicologia.

Surgimento da psicanálise

Para entendermos suas origens, é necessário entender a própria contextualização histórica do momento. A Primeira Grande Guerra (1914-1918), por exemplo, contribuiu para a difusão da psicanálise ao utilizar métodos particulares para tratar traumas causados em pessoas envolvidas no conflito.

Aspectos como o ambiente cultural da Áustria; o contexto iluminista posterior à Revolução Industrial e à Revolução Francesa; os conhecimentos psiquiátricos, neurofisiológicos, sociológicos, antropológicos, entre outros que na época estavam sendo desenvolvidos e explorados, contribuíram para observações, estudos e para que, posteriormente, os primeiros conceitos freudianos fossem criados.

Nesse ambiente propício, Sigmund Freud identificou fenômenos mentais além dos perceptíveis pela consciência, teorizando três estados mentais humanos: consciente, subconsciente e inconsciente.

Aos poucos, ocorreu a formação de tradições psicanalíticas locais, além de surgirem analistas em cidades como Budapeste, Londres e Zurique, ultrapassando o laço pessoal e direto com Freud, o fundador da psicanálise.

Freud inspirou Jung?

Carl Jung sempre teve muito respeito pelo fato de Sigmund Freud levar a sério a psicologia individual de cada um dos seus pacientes neurodivergentes. Por isso, recebeu fortes influências das pesquisas do austríaco, sendo um grande colaborador em suas obras no início da carreira do pai da psicanálise. Foram sete anos de análises compartilhadas e de correspondências trocadas entre eles, que foram muito produtivas e proveitosas especialmente em seu começo. A partir disso, Jung conseguiu estudar sistematicamente os processos do funcionamento mental que, durante o período pré-Freud, se resumiam a análises mais superficiais. A aproximação entre os dois rendeu ótimos frutos: chegaram a viajar juntos aos Estados Unidos em 1909 dando palestras. E, no ano seguinte, veio um grande reconhecimento para a carreira do psiquiatra: Jung foi eleito presidente da Associação Psicanalítica Internacional.

Amizade rompida

O tempo trouxe desgaste nessa relação principalmente pela divergência entre Freud e Jung em relação a aspectos fundamentais de suas obras. As discordâncias correspondiam a assuntos ainda hoje controversos, como sexualidade e espiritualidade.

Segundo a escola freudiana, a libido era tida como a força motriz da vida psíquica do ser humano – uma forma de energia que produzia e mantinha vida. A pulsão sexual e a pulsão agressiva são responsáveis biologicamente pelo avanço da vida, assim como a reprodução, de acordo com a teoria freudiana. No entanto, da mesma forma que outros psicanalistas se afastaram de Freud, Carl discordava da importância exclusiva dessa energia nos transtornos da psique.

Não era bem essa a concepção junguiana. Nela, a libido pode ser entendida como uma energia psíquica que é direcionada às esferas da atividade humana, tanto em nível instintivo quanto de realização cultural. Assim, Jung entendia que a libido sexual era uma força poderosa na psique humana, mas não a única que deveria ser considerada ao realizar um diagnóstico.

A teoria junguiana leva em conta o contexto cultural e social do paciente, considerando as complexas relações com o mundo interior e exterior do indivíduo que será atendido.

Espiritualidade em xeque

Religião definitivamente não era um assunto que deveria ser abordado pela psicanálise – e essa foi a convicção de Freud até o fim. Para ele, a fé equivale a uma culpa irracional que o ser humano não deveria carregar consigo. A necessidade de colocar o pai como Deus é o argumento freudiano que remete ao complexo paterno: a necessidade de proteção contra suas próprias fraquezas.

Contudo, Jung entendia que a psique humana era, por natureza, religiosa. Pela necessidade de se considerar o aspecto espiritual do ser humano, tornou este ponto um foco importante de exploração em suas teorias. Segundo a psicologia analítica, a espiritualidade seria uma maneira de o ser humano se ligar a algo superior, podendo estruturar e autorregular a psique. As descobertas junguianas levaram o nível de amplitude das discussões na psicologia bem acima do desenvolvimento original de Freud e, por estas divergências, aconteceu o rompimento da amizade entre os dois.

Inconscientes

Um dos principais pontos de divergência entre a psicanálise e a psicologia analítica são as concepções sobre o inconsciente.

As questões espirituais, para Jung, merecem o mesmo rigor científico em suas investigações e em sua consequente produção de conhecimento.

Para Freud, tratava-se de uma instância psíquica em que as pessoas depositam seus traumas, protegendo a parte consciente da própria mente consciente. Para Jung, havia um inconsciente pessoal e outro coletivo, este abarcando todas as experiências que as pessoas vivenciam ao longo dos séculos e compartilham entre outros seres humanos.

O ponto-final

Nesse contexto de ascensão de teorias sobre a mente, é nítido que as concepções freudianas despertaram a atenção de pesquisadores a fim de entender melhor como funcionava a psique – um desses foi Carl Gustav Jung. O suíço foi atraído pelas teorias do pai da psicanálise no começo, porém simplesmente não pôde mais aceitar algumas de suas ideias. Alguns anos depois, propôs sua própria forma de explicar o funcionamento da mente humana, por meio da psicologia analítica.

Sigmund Freud e Carl Jung deixaram suas marcas na psicologia não apenas por seu aporte teórico, mas também por ter proposto formas de tratamento para os nossos problemas pessoais — cada um a seu modo.

PARA FIXAR NA MEMÓRIA

▶ Para podermos falar da origem da psicologia, é importante entender o contexto histórico da época e os métodos fomentados por Sigmund Freud;

▶ Uma grande amizade entre os estudiosos Carl Jung e Sigmund Freud foi selada no início do século XX;

▶ Apesar da proximidade existente entre os dois especialistas, alguns aspectos fundamentais dentro das teorias freudianas e junguianas se confrontavam;

▶ Os estudos acerca da sexualidade, do inconsciente e da espiritualidade foram os principais motivos de divergências entre os teóricos.

3

EM BUSCA
DA INDIVIDUAÇÃO

Voltada para os diversos processos psíquicos que ocorrem antes e durante a formação do indivíduo, a psicologia analítica tem como principal objetivo compreender a mente humana em sua essência, indo além dos impulsos sexuais provenientes do inconsciente propostos pelo neurologista austríaco Sigmund Freud.

Dessa forma, ao trabalhar com os mitos e os sonhos que carregam os elementos estruturantes da psique e pelos quais é possível identificar comportamentos que merecem cuidados, a vertente diferenciou-se dos caminhos adotados pela psicanálise, desenvolvendo um conjunto vasto de conceitos próprios. Conheça alguns deles a seguir.

Jung explica

Precursor da técnica, Carl Jung foi considerado discípulo de Freud e frequentou o renomado círculo de especialistas freudianos por um tempo significativo. Nele, aproveitou os conhecimentos do grupo e os utilizou para aprofundar sua compreensão sobre a mente humana.

Entretanto, ao utilizar alguns objetos de estudo não convencionais, da filosofia e antropologia à alquimia e mandalas, tornou claro seu objetivo de enxergar o psiquismo para além da força sexual, analisando símbolos para entender o funcionamento da mente humana.

Entre os conceitos junguianos, alguns se destacam em direção a uma maior compreensão da psique. A exemplo do corpo, em que fenômenos de origem biológica conferem ao indivíduo condições e aspectos exclusivamente seus (como cor dos olhos, fios de cabelo, digitais), Jung acreditava que a psique era alvo de um processo semelhante.

Mesmo precisando dos laços sociais, o sujeito procura aquilo que o torna único, ou seja, sua essência. Tal processo é chamado de individuação, caracterizando-se pela busca do autoconhecimento.

Além da individuação, Jung também analisou sonhos e alucinações de pacientes com o intuito de identificar imagens comuns contidas em suas representações. Encontrou nos mitos uma resposta para tais símbolos da mente, propondo, então, a teoria do inconsciente coletivo – um conjunto de ideias que antecedem o indivíduo e compõem a manifestação de sua personalidade.

Desse repertório de saberes compartilhados entre os humanos, alguns itens são recorrentes e carregam estruturas delimitadas e reconhecíveis.

Denominados de arquétipos, esses elementos têm ligação com os mitos de diversas culturas e formam, junto a outros fatores, a personalidade do sujeito.

Inconsciente

Em meio ao contexto de teorias do final do século XIX e começo do século XX, Jung propôs em sua perspectiva psicológica um novo conceito sobre o que seria o inconsciente humano, caracterizando-o como algo dinâmico e capaz de se comunicar com a parte consciente da mente por meio de símbolos e histórias universais. Conforme a técnica junguiana, para analisar um indivíduo, seria necessário estudar todos os aspectos que fazem parte dessa pessoa. Entre estes, a sua cultura e eventos passados da sua comunidade. Isso porque, para Jung, a humanidade é marcada por processos inconscientes que são revelados por meio do inconsciente pessoal, um repositório individual de materiais psíquicos conhecidos acumulado ao longo da vida, além de conteúdos reprimidos ou esquecidos; e inconsciente coletivo, visto como dados de origem totalmente desconhecida, de caráter mítico, não atribuídos a aquisições pessoais, e sim de natureza coletiva.

É por meio desse entendimento que Carl compreendia que o psicólogo seria capaz de construir um entendimento complexo que leve em conta tanto os elementos individuais quanto os impessoais de um paciente. Assim, tornaria possível uma nova organização de rotina que equilibre os desafios do paciente nas esferas pessoal e contextual.

Definido como a camada mais profunda da alma de acordo com Jung, o inconsciente coletivo não é limitado às experiências de cada pessoa, bem como não engloba seus comportamentos e pensamentos em específico; em outro aspecto, refere-se a conhecimentos cultivados e comuns à humanidade.

Assim como o organismo humano – independentemente da etnia ou da cultura a que pertence o indivíduo – possui uma anatomia comum, decorrente de inúmeras adaptações biológicas que conferem um determinado biótipo, o inconsciente também apresenta um substrato psíquico partilhado que é constituído pelos arquétipos a que tem acesso.

Com a publicação das obras *Psicologia do Inconsciente*, em 1911, e no ano seguinte, *Transformações e Símbolos da Libido*, definiu que tanto o inconsciente pessoal quanto o coletivo podem se manifestar por meio de inúmeras produções de caráter simbólico. Alguns deles são: a comunicação onírica (material contido em sonhos), produção expressiva (rabiscos, desenhos, pinturas, colagens e quaisquer outras produções plásticas), disfunções psicossomáticas (transtornos da mente que se manifestam por meio de sintomas pelo corpo) ou imagens mentais. Esses símbolos comunicam e registram em que estágio de evolução da consciência cada pessoa encontra-se em seu processo de individuação.

Arquétipos

A mitologia e as artes possuem símbolos e representações que foram captados pelos artistas. Por terem sensibilidade aguçada e fazerem uma maior busca por detalhes, perceberam padrões que se repetem na vida. A exemplo disso, podemos citar os heróis da literatura com seus valores éticos e atitudes cheias de ímpeto, as paixões avassaladoras que geram dores profundas quando terminam e até sereias sedutoras que afundam navios e afogam marinheiros. Tudo isso já foi contado nas mais diversas formas de expressão artística, e o psiquiatra suíço Carl Jung notou nisso estruturas sobre as quais elaborou a teoria dos arquétipos.

Esse tipo de fenômeno também pode ser manifestado em sonhos. Durante a noite, algumas vezes, podem surgir cenas que parecem não ter sentido algum. Porém, esses elementos não são vazios e possuem conexão com as imagens criadas nos textos mitológicos, religiosos ou fantásticos presentes na cultura do indivíduo.

Ao analisar os sonhos de Freud, quando o rompimento da relação dos dois ainda não havia ocorrido, Jung notou a existência de uma estrutura da psique que se conecta com essas representações impessoais presentes em um espaço comum a todos – o inconsciente coletivo.

Na psicologia analítica, a atuação da mente, o instinto e o comportamento humano estão conectados a certos padrões inseridos na matriz compartilhada da psique. No inconsciente coletivo estão os instintos herdados pela humanidade, que são revestidos por aspectos culturais desenvolvidos e repassados ao longo da História, formando um conhecimento universal capaz de ser acessado por indivíduos em geral. Esse conjunto de elementos fornece à psique o repertório sobre como agir para satisfazer desejos e lidar com os pensamentos rotineiros.

Nesse contexto, os arquétipos consolidam-se como figuras e estruturas independentes que se materializam de maneira inconsciente e que oferecem visões sobre o mundo e a sociedade, além de funcionarem como elementos que ajudam o indivíduo a se guiar em relação à vida. Um conceito predominante entre os analistas junguianos, os arquétipos são elementos-chave para aqueles que buscam habilitar a vida em uma direção mais equilibrada e consciente.

Sombra: a vida é compreendida como uma caminhada seguindo aquilo com que a pessoa se identifica. Entretanto, a psique é capaz de barrar estruturas de comportamento e esconder complicações que somos incapazes de lidar. Tais padrões de supressão constituem o arquétipo da sombra, o lado obscuro que se esconde das pessoas. Marie Louise Von Franz, discípula de Carl Jung, se aprofundou na abordagem de que a sombra é toda a parte que, ao mesmo tempo que compõe o indivíduo, é desconhecida, ou ignorada, pelo mesmo.

Persona: a palavra que dá nome a esse arquétipo tem origem no teatro grego – *persona* eram as máscaras que representavam certos sentimentos ou atitudes frente à determinada situação. Por mais que a mente seja um todo integral, ela precisa de uma ferramenta que sirva de ponte entre o eu e o que vem de fora, de forma que haja um equilíbrio no que será revelado do "eu" em público. Portanto, esse arquétipo pode ser definido como um mediador entre a consciência e os círculos sociais. É como a "roupa" que se veste em diferentes situações: uma pessoa que se encontra em reunião no ambiente de trabalho não se porta da mesma maneira que age num encontro com seus amigos íntimos ou um almoço em família.

A característica perigosa da função da persona é a possibilidade de que o indivíduo confunda o que realmente compõe a própria personalidade e seus hábitos com aquilo que é moldado pelo arquétipo, de maneira que fugiria da própria realidade, barrando o processo de individuação e, provavelmente, desenvolvendo complexos.

Animus e Anima: na teoria junguiana, a psique é um sistema integrado e autoregulador que atua por compensação. Isso significa que a complexidade do consciente e do inconsciente é composta de elementos opostos que, quando trabalhados de maneira funcional, se complementam.

Sendo assim, uma psique masculina projeta, inconscientemente e por meio do arquétipo da anima, uma natureza feminina que se baseia, primeiramente, no contato com a primeira mulher de relevância na vida daquele indivíduo. Da mesma maneira, uma mente feminina realiza uma operação pelo arquétipo masculino animus.

Em ambos os casos, o arquétipo é projetado no parceiro sexual do indivíduo, assim como entra em conflito com a própria pessoa, podendo trazer dificuldades ou, caso seja compreendido e integrado ao *self*, contribuir no processo de individuação.

Self: considerando que nossa psique é dividida em diversas partes, Carl Jung considerou que era necessário nomear o todo, o padrão maior que relaciona tudo aquilo que compõe cada indivíduo: o *self* (que significa "si mesmo"). O processo de individuação seria uma busca pelo *self*, na esperança de integrar em si tudo aquilo que faz parte da individualidade e nos diferencia dos outros. É papel do *self*, na teoria junguiana, forçar todos os aspectos opostos que formam os indivíduos para que se integrem numa coisa só e, assim, atingir a totalidade.

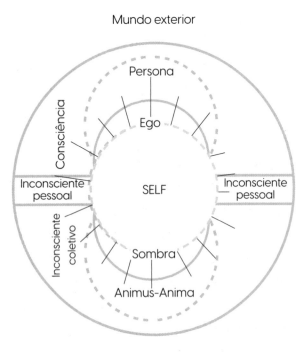

Personagens familiares

Além desses arquétipos fundamentais que compõem a psique de todas as pessoas, a psicologia analítica se propõe a realizar a análise de diversos outros símbolos universais.

Herói: um dos princípios mais importantes nas histórias que marcam a trajetória dos seres humanos, o herói simboliza uma série de características paralelas ao desenvolvimento da consciência. Para que o personagem seja consolidado como heroico, ao exemplo de Hércules, existem trabalhos que devem ser feitos e inimigos a serem enfrentados, ao mesmo tempo que a integridade e senso de justiça do "bonzinho" devem ser inabaláveis. É um ideal de atitude humana em face das dificuldades da vida. *Super-Homem* e *Capitão América* são exemplos atuais do arquétipo do herói clássico.

Vilão: muitas vezes, pode-se dizer que, para se produzir um bom herói, um terrível vilão é essencial. Existem muitos arquétipos que representam os vilões, tais como bruxas e demônios. Na maioria das vezes, eles se contrapõem à ingenuidade bondosa do herói ao se apresentarem como trapaceiros e cruéis – uma lição importante que nossos antepassados tiveram que aprender, conforme as armadilhas e trapaças se mostravam muitas vezes eficientes contra a força bruta. Bons exemplos desses arquétipos são os arqui-inimigos do *Super-Homem* e *Capitão América*, que utilizam de trapaças, ciência e até magias obscuras para tentar destruir os respectivos bons moços.

Rei: o doutor Jordan Peterson, da faculdade de psicologia da Universidade de Toronto, apresenta na vídeoaula *2017 Personality 07: Carl Jung and the Lion King (Part 1)*, disponível no YouTube, a visão arquetípica da figura do rei no filme *O Rei Leão*, da Disney. Segundo Peterson, *Mufasa* (pai de *Simba*) é um rei competente que exerce sua autoridade enquanto valoriza a função de súditos importantes, como o macaco *Rafiki*, que simbolizaria a sabedoria antiga, espiritual, e o pássaro *Zazu*, que traz à *Mufasa* a realidade do que acontece no reino. Ao mesmo tempo, *Scar*, tio de *Simba*, representa a tirania e a inveja; o personagem deseja o poder acima do bem de outros. *Scar* seria a sombra de *Mufasa* e, em certo ponto, subestimado pelo lado "bonzinho", uma vez que também faz parte do dever de um bom rei impedir que a maldade ganhe espaço. *Mufasa* falha em suprimir a presença maligna de *Scar* — ou seja, enfrentar a própria sombra —, ao passo que seu filho, *Simba*, cai nas garras manipuladoras do leão mau e gera, assim, todo o conflito principal do filme.

No mundo dos sonhos

Durante a noite, nossa mente se liberta. Em meio à experiência onírica, somos capazes de fazer qualquer coisa, como voar, ficar invisível ou outras experiências criativas.

Entretanto, nem tudo é sempre positivo nessa "terra da fantasia". Os pesadelos, por exemplo, por mais que contenham elementos desagradáveis, foram formulados pela mesma mente que antes idealizou paraísos imaginários.

Assim como o neurologista austríaco Sigmund Freud, Carl Jung deu destaque aos sonhos em seus trabalhos. Se, para o primeiro, estes elementos manifestam conteúdos reprimidos pela psique, na visão junguiana as imagens geradas durante o sono possuem material de ambos os inconscientes (pessoal e coletivo) e surgem como imagens que possibilitam uma maior compreensão da mente do indivíduo. Os sonhos também são compreendidos por Jung como tendo uma finalidade própria para o indivíduo: para ele, sonhos são itens simbólicos, carregados de informações ainda não entendidas pelos processos de materialização consciente.

Uma ideia importante apresentada por Jung no campo onírico se refere à chamada função compensatória dos sonhos. Muitas vezes, as fantasias noturnas compensam aspectos polarizados da consciência, elementos inacessíveis ou simplesmente negados por esse setor mais "racional" da psique.

Por exemplo, um sujeito que demonstra ser alguém extremamente ético e generoso enquanto acordado, certamente, possui em seu inconsciente a apresentação de características opostas, como egoísmo e falta de ética. Os sonhos, assim, fariam o equilíbrio desses atributos, colocando a pessoa em contato com seus outros lados, geralmente ignorados. Ou seja, quanto mais o indivíduo vê algumas características como sendo exclusivas de si, mais seu inconsciente vai prover atributos opostos, balanceando atitudes unilaterais da consciência.

Processo de individuação

Concebido por Jung como um conceito que carrega a finalidade da existência humana, o processo de individuação é um importante elemento da psicologia do suíço. Individual e gradativo, é também caracterizado pelo desenvolvimento de recursos para o autoconhecimento.

Afinal, conforme proposto pelo teórico, o sentido da vida de um ser humano não é encontrar a felicidade, e sim a individuação, promovendo o encontro entre os inconscientes pessoal e coletivo.

Por meio da compreensão da natureza de suas manifestações em um âmbito de completude, o indivíduo é capaz de ter controle sobre o comportamento e a personalidade, entendendo os materiais mais profundos que o caracterizam e conseguindo desenvolver métodos de convivência consigo e outros que levem em conta sua "real" identidade.

É importante salientar que esse processo de individuação não é o mesmo que tornar-se individualista, egoísta ou então outros comportamentos que levem apenas o "eu" como ponto central da vivência. O processo envolve o desenvolvimento de mecanismos de controle, aprendendo a lidar com as partes de si mesmo e também com a relação interior que você tem com si próprio e assim, consequentemente, com o mundo que o cerca.

Intuição...

Imagine que você, por razões próprias, está desejando mudar de emprego e descobre uma oportunidade em outro lugar. Para tomar a decisão de trocar ou não de ocupação, você avalia o que esse novo trabalho tem a lhe oferecer.

Então, começa a analisar o novo salário, as diretrizes da empresa, o ambiente e todas as vantagens que virão por meio dessa escolha. Por fim, após pesar todos os prós e contras e constatar que o novo trabalho soa bem atraente, uma "voz" em sua cabeça sugere que você não realize essa mudança, afirmando que o novo emprego pode não ser uma boa ideia.

Tempos depois, ainda insistindo em mudar de trabalho, você opta por escolher uma outra instituição, na qual os aspectos racionais desse lugar não soavam tão positivos como a primeira opção, contudo um sentimento afirma que essa é a decisão mais correta para você. Mais tarde, você descobre que seus instintos estavam certos e foi uma boa decisão.

Situações que envolvem decisões e escolhas, como a citada acima, são comuns durante a vida e podem ser explicados por um dos conceitos mais intrigantes pensados por Carl Gustav Jung: a intuição.

Mesmo que todas as condições racionais apontem para a tomada de uma decisão em particular, um sentimento, pode ser capaz de fazê-lo alterar a rota e causar uma reconsideração. Como aponta o fundador da psicologia analítica, a intuição é um fenômeno importante.

A função intuição é um tipo de percepção que não é exatamente transmitida pelos sentidos, registrando-se ao nível do inconsciente. Dessa forma, Jung disse que a intuição é um fator dos mais naturais, normais e necessários, tendo em vista que nos coloca em contato com o que não podemos perceber, pensar ou sentir, devido à falta de manifestação concreta.

O psiquiatra suíço viveu em uma época em que estudos e tecnologias começaram a avançar rapidamente, fazendo parecer que a ciência e a razão eram os melhores caminhos a serem seguidos ao se elaborar escolhas. Porém, ele viu que as manifestações intuitivas, por não se basearem em análises lógicas, demonstraram existir algo além da razão que determinaria uma escolha ser a correta.

A intuição, em outras palavras, emerge como uma tentativa de nos mostrar caminhos criativos e transcendentes não observados por manifestações concretas.

... ou instinto?

Apesar de ambos serem processos inconscientes em nossa mente, o instinto e a intuição têm diferenças cruciais na forma como são manifestados. Mais conectado com condições biológicas ou então coletivas, o instinto, geralmente, surge em contextos de necessidade.

Já a intuição, um arquétipo de apreensão, é uma habilidade de obter um conhecimento. Fugir em uma situação de perigo é um comportamento instintivo, relacionado ao ímpeto de sobrevivência; ter a compreensão e conhecimento a respeito de momentos em que tal reação faz-se necessária é intuição.

Espiritualidade

Apesar de ter uma formação científica, o psiquiatra Carl Jung sempre demonstrou um particular fascínio por temas de natureza misteriosa durante sua trajetória de vida. Afinal, ele sempre teve proximidade com aspectos da religiosidade desde pequeno. Estudioso, dedicou particular atenção a sistemas de crenças como o Cristianismo, Hinduísmo, Budismo e Taoísmo. Também teve uma experiência curiosa e decisiva para formular o conceito de inconsciente coletivo.

Um dia, um paciente esquizofrênico chamou Carl para olhar o "tubo do sol" pela janela, afirmando que a grande estrela se movia e, assim, originava todos os ventos. Quatro anos depois, uma pesquisa inédita com a qual Jung teve contato confirmou a experiência do indivíduo – fato que, para ele, significou indícios da existência de uma estrutura comum e espiritual na psique.

Por mais que considere a importância de instituições e entidades religiosas, Jung priorizava a noção de espiritualidade. Isto é, o princípio que reforça temas que levem em conta à transcendência, unindo espiritualmente a pessoa a valores que ultrapassam as necessidades e contextos de natureza material. A compreensão também leva em conta um sentimento no qual a pessoa admite encontrar elementos que vão além de sua existência.

Ao se aprofundar no assunto, o profissional ponderou sobre os efeitos positivos e negativos da religião na vida das pessoas. Para ele, o contato com a espiritualidade é um comportamento naturalmente humano e conecta o indivíduo a um senso de união, sendo importante para o desenvolvimento de um equilíbrio psíquico.

Devido a esse fim, esse fenômeno proporciona virtudes ao ser humano, e rejeitá-lo pode gerar efeitos prejudiciais ao bem-estar mental do sujeito. Embora, é importante a realização de uma ressalva, também feita por Jung: em casos no qual a espiritualidade não esteja vinculada a essa lógica de colaboração entre fiéis e crença em algo que está além da condição humana, pode acabar tornando-se um processo diferente do qual foi concebido inicialmente.

Tipos psicológicos

"Existem diferentes tipos de pessoa". Tal constatação aponta para uma série de padrões de características físicas ou psíquicas que definem e identificam indivíduos. Para Jung, esse comportamento mental era passível de observação via atuação clínica: ao tratar pacientes nervosos, constatou que, a par das muitas diferenças individuais na psicologia humana, há condições específicas para os diversos tipos existentes.

O suíço também considerou que a formação da personalidade humana não era um processo finalizado na adolescência, mas sim uma realidade que perdura durante todo o desenvolvimento humano.

No livro *Tipos Psicológicos*, de 1921, Jung divulgou uma teoria sobre o assunto, chamando a atenção para as condições introvertidas e extrovertidas. Quando um indivíduo é bem objetivo e volta suas ações para o campo das relações sociais, é qualificado como extrovertido. Quando pondera e se volta para a subjetividade interior, é considerado introvertido.

Apesar de serem atitudes (introversão e extroversão) difíceis de sofrerem alterações, tais funções são passíveis de mudanças e podem se manifestar com mais preponderância em certos momentos.

Um leque de opções

A teoria dos tipos psicológicos também considera a existência de uma função principal (ou ainda dominante) e outra auxiliar, que tende a se desenvolver com menor intensidade. A variedade de condições e tipos que podem atuar sobre a psique podem tanto ser caracterizadas pelo domínio do território da racionalidade, quanto da irracionalidade. As principais delas são:

• **Sensação**: traz as informações (percepções) do mundo pelos órgãos dos sentidos. Pessoas assim são práticas e realistas, acreditam nos fatos, dão atenção ao concreto.

• **Intuição:** a percepção ocorre por meio do inconsciente e da apreensão do ambiente por meio de pressentimentos e também de inspirações. Pessoas assim tendem a ver o todo e não as partes, e podem ter dificuldades na assimilação de detalhes.

- **Pensamento:** é estabelecida uma conexão lógica e conceitual entre fatos percebidos. Esses indivíduos não são interferidos por valores pessoais, sendo imparciais.
- **Sentimento**: valorizam sentimentos em suas avaliações e preocupam-se com a harmonia do ambiente. Voltam-se a valores pessoais na tomada de decisões.

Sincronicidade

Carl Jung popularizou o conceito de sincronicidade no ocidente, absorvendo parte desse conteúdo da filosofia taoísta. Para ele, trata-se da conexão causal entre a psique e a matéria - é quando eventos muito improváveis ocorrem com a pessoa, ocultando um significado para eles terem acontecido.

Esse tipo de situação gera enigmas a serem decifrados pelos indivíduos. Para que seja possível entendê-los, é preciso refletir sobre o sentido do evento, analisando sua finalidade, e não por que ocorreu.

Nas sociedades atuais, é complicado aceitar a ideia da sincronia, pois o pensamento do indivíduo moderno é fortemente embasado na causalidade, envolvendo elementos científicos como tempo e espaço.

Porém, a ideia de Jung transcende esses aspectos, pois ele tentava demonstrar que nem todos os fenômenos que acontecem conosco possuem essa racionalidade aparente, ainda que apresentem grande significância em nossas vidas.

Por meio dessa reflexão, o psiquiatra suíço compreendeu o funcionamento psíquico não apenas como resultado de vivências puramente lógicas, mas também em decorrência de casualidades que podem ocorrer e afetar o indivíduo rotineiramente.

PARA FIXAR NA MEMÓRIA

▶ Precursor da psicologia, Carl Jung foi considerado discípulo de Freud e frequentou o renomado círculo de especialistas freudianos por um tempo significativo;

▶ Na psicologia junguiana, por meio de um entendimento bastante complexo que leva em conta tanto os elementos individuais quanto contextuais de um paciente, o psicólogo é capaz de propor uma nova organização de rotina que tende a equilibrar os desafios do sujeito em ambas as esferas;

- Um dos conceitos mais populares desenvolvidos pelo suíço foi o inconsciente coletivo, compreendido como a camada mais profunda da psique humana, resultado de conhecimentos cultivados e comuns à humanidade;
- Outro tema de destaque, os arquétipos são considerados figuras e estruturas que se materializam de maneira inconsciente e que oferecem visões sobre o mundo;
- O processo de individuação era considerado fundamental por Jung. Subjetivo e gradativo, é caracterizado pelo desenvolvimento de recursos para o autoconhecimento;
- Para obter uma harmonia desejada, o psiquiatra suíço compreendia que estudar conceitos como sincronicidade, espiritualidade, tipos psicológicos, intuição e sonhos era uma tarefa importante.

4

LEGADO

Carl G. Jung contribuiu para o estudo da psique desde a formulação da psicologia como é vista hoje, com sua aproximação com o também especialista Sigmund Freud e os estudos sobre o inconsciente, sonhos e símbolos, até conceitos essenciais que guiaram outros profissionais a desvendar parte desses mistérios da mente.

Esquizofrenia

O começo da carreira de Jung forneceu um contato próximo com a demência precoce, que era o nome dado ao que hoje chamamos de esquizofrenia. Quem cunhou o termo atual, inclusive, foi Eugen Bleuler. Ele era diretor da Clínica Psiquiátrica de Zurique, na Suíça, quando o futuro pai da psicologia analítica trabalhou ali. A aproximação dos dois foi essencial tanto para a melhor compreensão da esquizofrenia quanto para a formulação do conceito de inconsciente coletivo por Jung.

Como a psiquiatra junguiana brasileira Nise da Silveira afirma em sua biografia sobre Carl, foi este quem se ocupou dos testes envolvendo associações verbais em esquizofrênicos, colaborando, dessa forma, com Bleuler na busca do transtorno psicológico comum em todos os casos da doença clínica.

Teste de associação

Para realizar este procedimento, basicamente o analista entrega ao paciente uma lista de palavras que não têm relação entre si. O indivíduo deve, então, reagir aos termos utilizando uma única outra palavra, repetindo o processo com a lista inteira.

O material da lista se constitui das chamadas "palavras indutoras", e a associação do paciente de "palavras induzidas".

Então, o profissional marca com um cronômetro a diferença de tempo entre as diferentes associações para avaliar os tempos de reação. Assim, algumas palavras causam reações mais prolongadas, às vezes com o paciente fugindo das instruções dadas pelo analista. Tudo isso é levado em consideração.

Dessa forma, Bleuler encontrou o ponto comum entre os esquizofrênicos por meio dos testes de Jung: a dissociação, que significa desconexão e falta de continuidade em relação a pensamentos, memórias, ambientes, ações e identidade. Daí, inclusive, veio a nomenclatura "esquizofrenia", que tem origem no grego e quer dizer "mente dividida".

Os dois profissionais tinham discordâncias em alguns pontos quanto à origem do distúrbio principal, como o papel do organismo ou então de eventos exteriores, por exemplo. Ainda assim, ambos concordavam quanto aos sintomas secundários existentes no quadro, que são os presentes atualmente no quinto *Manual Diagnóstico e Estatístico de Transtornos Mentais* (DSM-V, na sigla em inglês).

Características essenciais que definem os transtornos psicóticos

Segundo o DSM-V, esses transtornos são definidos por anormalidades em um ou mais dos cinco domínios a seguir: delírios, alucinações, pensamento (discurso) desorganizado, comportamento motor grosseiramente desorganizado ou anormal (incluindo catatonia) e sintomas negativos.

Esses últimos são constituídos de dois elementos principais: expressão emocional diminuída, que inclui reduções nas expressões de emoções pelo rosto e movimentos corporais, assim como no contato visual e ainda na entonação da fala; e avolia, que pode-se definir como a redução em atividades motivadas, autoiniciadas e com uma finalidade.

Discípulos

São muitos os responsáveis por manter a teoria junguiana viva e atualizada até os dias de hoje. Entre os contemporâneos do pai da psicologia analítica, destacam-se Toni Wolff, discípula que subdividiu a psique feminina em quatro arquétipos básicos; Marie Louise Von Franz, que foi cofundadora do Instituto Carl Gustav Jung, em Zurique; Emma Jung, esposa de Carl e autora do livro *Animus e Anima*; e Erich

Neumann, escritor alemão que estudava, principalmente, a psique feminina.

Depois da morte do fundador dessa vertente da psicologia, teóricos como James Hillman, responsável por criar a psicologia arquetípica, e também Carlos Antônio Fragoso Guimarães, que mescla a teoria junguiana a preceitos da física, atualizam e mantêm vivos os ensinamentos do suíço.

Contribuição de Emma Jung

A personalidade feminina seria compensada por características masculinas inatas e vice-versa. Grosso modo, existe uma mulher dentro de cada homem (a *anima*), e um homem dentro de cada mulher (o *animus*).

Uma das grandes contribuições da obra de Emma é a ideia de que o *animus* em cada mulher estaria dividido entre força (de vontade), ato, verbo e sentido, pois esses seriam os significados de *logos*, termo que representa o masculino, de acordo com a teórica.

Logos

• **Força:** Emma afirma que a parte mais primitiva do desenvolvimento do *animus* é a capacidade física que se expressa por meio da agilidade, força e outras características, no geral, presentes nos atletas;

• **Ato:** seria a exigência de que a força fosse usada em prol de algo útil e, portanto, o segundo estágio de desenvolvimento do arquétipo. A autora explica ainda que essas duas primeiras representações são fluidas, pois uma tem influência sobre a outra (o ato depende da força e a força se dá pelo ato);

- **Verbo e sentido:** as últimas duas características do *animus* seriam voltadas à realidade espiritual, segundo Emma Jung. São as características do guia espiritual.

Marie Louise von Franz

A pesquisadora alemã conheceu Carl Jung aos dezoito anos de idade, em 1933, ao frequentar um grupo de estudos coordenado pelo suíço. Depois de se formar em línguas clássicas, passou a traduzir textos antigos em latim e grego como moeda de troca para as consultas com Jung. Dedicou sua obra, principalmente, ao estudo de contos de fadas e arquétipos presentes nessas histórias, além de se aprofundar nos estudos da alquimia. Publicou 22 obras de autoria própria, foi cofundadora do Instituto Jung de Zurique, além de ser a discípula que passou mais tempo ao lado do pai da psicologia analítica.

Em um de seus livros mais famosos, *A sombra e o mal nos contos de fadas*, que consiste em um compilado de palestras realizadas por Von Franz e apresentadas no Instituto Jung, Marie Louise demonstra, de maneira prática, seu método de análise dos contos de fantasia na busca pela compreensão da psique.

Segundo a autora, os mitos e lendas são úteis, porém estão arraigados na cultura e no contexto histórico da sociedade onde surgiram, de maneira que nem tudo pode servir para entender os seres humanos fora daquele contexto. Já os contos de fadas são materiais mais "puros", pois não se prendem muito aos costumes de onde surgiram, apenas contam uma história arquetípica que pode se aplicar a diversas sociedades — se não fossem tão "puros", seriam esquecidos sem se alastrar enquanto conto.

Assim, seria possível entender melhor a psique e os arquétipos por meio dessas histórias universais.

A sombra é um dos elementos aprofundados por von Franz, que afirma haver muito desentendimento e utilização errada quanto ao que seria essa parte obscura da psique.

Marie Louise explica que tudo o que constitui um indivíduo e é desconhecido pela sua consciência é a sombra. Ou seja, não é apenas um buraco onde se escondem as coisas que não queremos olhar, mas sim aquilo que nem sabíamos que existia.

Ela dá o exemplo de um paciente que desconhece qualquer coisa sobre psicologia: para ele, todo o inconsciente, em si, é a sombra, pois ele não tem acesso a tal lugar e não entende nada sobre seu funcionamento ou existência.

Toni Wolff

Durante mais de vinte anos, a psicóloga suíça colaborou com Carl Jung tanto em pesquisas quanto nos livros que escreveu, complementando os conceitos de arquétipos como a persona, *animus*, *anima* e sobre o inconsciente coletivo no geral, apesar de ter publicado pouca coisa de autoria própria.

Uma de suas maiores contribuições foi a divisão da psique feminina em quatro diferentes arquétipos básicos: mãe, companheira, amazona e médium. Tais características, segundo ela, seriam duplas opostas: mãe se distancia mais de companheira e amazona, de médium; no entanto, nenhuma característica é exclusiva nem anula as outras. Inclusive, essa contribuição inspirou Edward Whitmont a desenvolver os mesmos quatro arquétipos básicos, só que considerando a psique masculina.

Toni também foi responsável por algumas obras em que se dedicou a organizar, aprofundar e apresentar a teoria formulada por Carl Jung, contribuindo para a amplificação do alcance da psicologia analítica.

Psique feminina, segundo Wolff

• **Mãe:** encontra satisfação ao cuidar, nutrir, proteger e ensinar. Costuma encorajar e demonstrar grande carinho e compaixão para com os outros. A sombra desse arquétipo seria a mãe superprotetora, ansiosa, que teme soltar a pessoa que ama ao mundo e, dessa maneira, prejudica seu desenvolvimento.

• **Companheira:** também chamada de hetaira, encontra satisfação em ser parceira de outros. Ao invés de proporcionar ao outro uma boa vivência, ela desejaria participar da experiência.

Esse companheirismo pode ser intelectual, espiritual ou sexual. A sombra seria buscar diversos relacionamentos sem se prender a nenhum.

- **Amazona:** também chamada de guerreira, seria a mulher que molda o mundo exterior de acordo com seu mundo interior, extraindo sua satisfação a partir disso. É independente e competitiva. A sombra seria o egocentrismo e o orgulho, que podem cegar para a possibilidade de que alguém seja mais competente em determinados assuntos.
- **Médium:** é a mulher espiritual, que encontra satisfação ao meditar sobre seu mundo interior e tentar entendê-lo. Também chamada de sábia, é comumente contemplativa e ligada à espiritualidade. A sombra seria a falta de manejo do mundo interior, que pode proporcionar tanto conteúdo para ser analisado que a deixa perdida em pensamentos e distraída do mundo real.

Edward Withmont

Foi um dos principais responsáveis por introduzir o estudo da psicologia analítica nos Estados Unidos. Nascido em Viena, na Áustria, no ano de 1912, Edward era físico e também homeopata, além de analista.

O especialista se interessou pela psicologia junguiana depois que, já exercendo a profissão de psiquiatra, ouviu de um paciente que este o havia procurado porque um sonho disse para que fizesse isso.

Seu livro *A busca do símbolo* é considerado fundamental para os que desejam entender melhor a teoria junguiana. A divisão e definição dos arquétipos básicos da psique masculina foram resultadas do aprofundamento feito pelo casal de escritores Tad Guzie, teólogo e filósofo, e Noreen Monroe Guzie, artista e calígrafa.

Psique masculina, segundo Withmont

• **Pai:** encontra satisfação em prover e proteger, agindo como um encorajador e líder que ama. Se não desenvolve a sabedoria, pode se tornar tirano e rígido.

• **Eterno menino:** encontra contentamento e a própria identidade exatamente na busca por essas coisas. É um aventureiro que precisa tomar cuidado com o excesso de instabilidade e mudanças.

• **Guerreiro:** costuma ser bastante competitivo e tende a gostar de manejar o mundo exterior, contudo corre o risco de supervalorizar as próprias conquistas.

• **Sábio:** atinge a realização quando é capaz de trazer significado à própria vida e também à dos outros. O lado sombrio seria não fazer nada além de pensar.

No Brasil

A psiquiatra brasileira Nise da Silveira é reconhecida como uma grande discípula de Carl Jung e responsável por introduzir o método de terapia ocupacional no Centro Psiquiátrico Pedro II, no Rio de Janeiro, como uma alternativa para o tratamento de esquizofrenia.

Nise cursou a Faculdade de Medicina no estado da Bahia, sendo a única estudante mulher de sua turma, e se especializou em psiquiatria entre 1926 e 1933. Em seus anos iniciais como médica, trabalhou no hospital da Praia Vermelha (Rio de Janeiro), onde não aceitou ter participação nos tratamentos psiquiátricos aplicados no período, como eletrochoques, choques insulínicos e lobotomia.

Ao mesmo tempo, estudava métodos inovadores de tratamento, envolvendo-se com as artes, a filosofia e também o contato com animais — um esboço do que viria a ser a terapia assistida por animais (TAA). Por isso, foi afastada do corpo médico principal, sendo vista como rebelde e desprovida de conhecimento da "verdadeira psiquiatria".

Entre os anos de 1934 e 1936, Nise ficou presa sob acusação de estar ligada ao comunismo, durante o governo do presidente Getúlio Vargas. Em 1954, ao perceber que os desenhos criados por seus pacientes se assemelhavam a mandalas, a psiquiatra enviou uma carta a Carl Jung, notificando o fato.

Como ela mesma afirmou em entrevista (disponível no YouTube: "Nise da Silveira - Do Mundo da Caralâmpia à Emoção de Lidar"), ficou espantada ao perceber que esquizofrênicos faziam imagens circulares de configuração perfeita. O suíço se interessou pelos desenhos e a motivou a participar, em 1957, da exposição do Museu de Imagens do Inconsciente no Congresso Internacional de Psiquiatria, em Zurique, na Suíça. Nesse encontro, Jung mostrou a importância dos mitos e outras produções do inconsciente a Nise, que estudou no Instituto Jung de Zurique nos períodos de 1957-58 e 1961-62. Ao voltar para o Brasil, fundou o Grupo de Estudos C. G. Jung no Rio de Janeiro.

Psicoterapia junguiana

Este tipo de terapia ainda é alvo de muitas dúvidas por parte de quem tem curiosidade em conhecer. Por conta da corrente da qual faz parte, é comum que surjam questionamentos a respeito de seus procedimentos, benefícios, recursos utilizados ou mesmo para que tipo de pessoa é mais indicada. Voltada para os diversos processos psíquicos que ocorrem antes e durante a formação do indivíduo, a psicologia analítica busca compreender a mente humana em sua essência, trabalhando com símbolos, mitos e sonhos que carregam os elementos estruturantes da psique e pelos quais é possível identificar comportamentos e sofrimentos que merecem cuidados.

> O principal objetivo da psicoterapia analítica é ajudar o indivíduo a se conhecer melhor, para que possa retornar ao processo de individuação.

Alguns especialistas afirmam que a vertente junguiana de psicoterapia se trata de uma viagem pelo inconsciente, que, por meio de mergulhos em camadas mais profundas, retira o "ouro" para uma vida mais saudável e produtiva; enquanto outros afirmam que o principal objetivo da psicologia analítica é auxiliar o indivíduo no seu caminho rumo à individuação.

Para Jung, desde que nascem, as pessoas entram neste processo, podendo se desviar por conta de angústias, medos, inseguranças, bloqueios e transtornos. Logo, o papel dessa abordagem é auxiliar o indivíduo a lidar com os seus conteúdos inconscientes, trazendo-os à luz da consciência para que estes sejam compreendidos, ressignificados, integrados e, com isso, o paciente desenvolva a sua individualidade e tenha uma vida mais autêntica, equilibrada e saudável.

Contribuições práticas

Entre as maiores contribuições de Jung, duas se destacam pela ampla utilização prática que ocorre até os dias atuais. A primeira é o conceito dos arquétipos, que é difundido como técnica para atingir clientes no marketing, por exemplo, e amplamente utilizado de forma consciente em histórias para gerar conexões com o público-alvo.

O outro conceito, que contribuiu para o campo dos estudos da psique, é o das divisões da personalidade em seis tipos distintos. Ao notar que todos os seres humanos podem ser classificados como extrovertidos e introvertidos, Carl fez notar uma barreira clara de comportamento entre os indivíduos que nunca havia sido conceituada. Além disso, os outros quatro aspectos comportamentais abriram caminho para a definição complementar dos tipos de personalidade, que hoje são utilizados em diversos testes psicológicos e ajudam os profissionais a terem uma noção melhor de como lidar com cada pessoa.

Teste de personalidade

A psicóloga Katharine Cook Briggs, junto de sua filha Isabel Briggs Myers, organizou uma forma de preferências junguianas em cada pessoa: o Myers-Briggs Type Indicator (MBTI), ou também conhecida como tipologia de Myers-Briggs.

Nas páginas a seguir, organizamos perguntas para você responder e descobrir como funciona o MBTI, simplificadamente. Leia as alternativas e considere as que mais combinam com seu jeito de ser ou agir; depois, conforme a maioria das alternativas escolhidas, marque a letra equivalente.

1. Seu foco é mais para o exterior ou para o interior?

E) Você é falante, gosta que te deem atenção

I) É mais reservado, privado e pensa com cuidado antes de falar

E) Gosta de um ritmo de vida rápido

I) Prefere um ritmo lento para maior contemplação

E) Discute ideias com várias pessoas antes de formular um pensamento

I) Gosta mais de raciocinar sozinho e depois discutir a ideia com outros

E: extroversão I: introversão

2. Como lida com as informações que recebe?

S) Foca nas coisas como elas são na realidade de maneira prática

N) Imagina possibilidades e desdobramentos

S) Atenta-se a detalhes e fatos concretos

N) Pensa como um todo e nas conexões

S) Prefere coisas de aplicação prática e objetiva

N) Gosta mais de ideias e conceitos
S: sensorial N: intuição

3. Como prefere tomar decisões?

T) Usa o raciocínio lógico, de forma impessoal

F) Considera os próprios valores e como eles afetam as pessoas

T) Prefere a justiça e a imparcialidade

F) Valoriza a harmonia e o perdão

T) Busca as falhas lógicas em um argumento

F) Prefere tentar entender como a outra pessoa pensa e expressa a própria maneira de pensar

T: razão F: sentimento

4. Como lida com questões do mundo exterior?

J) Regras e prazos têm de ser cumpridos

P) Essas questões podem ser flexíveis

J) Prefere instruções em detalhes, seguindo um passo a passo

P) Gosta de seguir um ritmo próprio

J) Faz planos, quer saber em que está se envolvendo

P) É espontâneo, gosta de surpresas e novas situações

J: julgamento P: percepção

Resultado

Depois de responder às quatro questões, junte as letras de cada uma na sequência. No resultado, estão as principais características de sua personalidade.

ISTJ: responsável, sincero, analítico, reservado, sistemático. Trabalhador, confiável, faz julgamentos com praticidade.

INTJ: inovador, independente, estratégico, lógico, reservado. É conduzido por suas próprias ideias para progredir.

INFP: sensível, criativo, sonhador, leal. Valoriza a harmonia interna e o crescimento pessoal.

ESFP: brincalhão, entusiasmado, amigável, flexível. Tem um forte senso de comunidade e ajuda pessoas de forma tangível.

ISFJ: afetuoso, gentil, responsável, pragmático, meticuloso. Gosta de ser útil às pessoas.

ISTP: lógico, analítico, espontâneo, independente, reservado. Aventureiro, gosta de aprender como funcionam mecanismos.

INTP: intelectual, lógico, preciso, reservado, flexível. Pensa de forma original e usa criatividade ao resolver problemas.

ENFP: criativo, otimista, brincalhão. Valoriza a inspiração, gosta de começar novos projetos.

INFJ: idealístico, organizado, perspicaz, gentil. Busca harmonia e cooperação, prefere estímulo intelectual.

ISFP: gentil, sensível, cuidadoso, flexível, realístico. Busca criar um ambiente pessoal, belo e prático.

ESTP: extrovertido, curioso, realístico, versátil, espontâneo. Resolve questões de forma pragmática e é bom negociador.

ENTP: inventivo, estratégico, empreendedor, versátil. Gosta de desafios, novas ideias e valoriza a inspiração.

ESTJ: eficiente, extrovertido, realístico, dependente. Gosta de comandar e fazer tudo de maneira organizada.

ESFJ: amigável, confiável, consciente, organizado, prático. Busca ser útil, agradar, ser ativo e produtivo.

ENFJ: carinhoso, entusiasmado, idealista, diplomático. Ótimo comunicador e valoriza a conexão com as pessoas.

ENTJ: estratégico, lógico, eficiente, ambicioso, independente. Organiza as pessoas e planeja a longo prazo.

Lembre-se de que o teste não tem validade científica, é apenas uma análise simplificada.

Imaginação ativa

Outro importante legado da teoria junguiana se trata de um método de análise do inconsciente chamado de imaginação ativa. Segundo Jung, quando fechamos os olhos e começamos a imaginar cenas ou situações (geralmente logo antes de dormir), a função da psique que está sendo trabalhada é a imaginação passiva, na qual o indivíduo deixa o cérebro produzir aquele "filme" sem interferir. A imaginação ativa partiria desse ponto, visando, no entanto, trabalhar ativamente com o produto inconsciente que ali aparece e, dessa maneira, tentar estabelecer contato mais próximo com as camadas inacessíveis da mente. Psicólogos destacam que nem todos são capazes de fazer isso e é preciso tomar cuidado, pois esse exercício pode engatilhar psicoses latentes, de maneira que as instruções para tal devem ser passadas por um profissional.

PARA FIXAR NA MEMÓRIA

▶ Carl Jung contribuiu para o estudo da psique desde a formulação da psicologia como é vista hoje, com sua aproximação com Freud e os estudos sobre o inconsciente, até conceitos essenciais que guiaram outros profissionais a desvendarem parte desse mistério da mente;

▶ Um grande legado consiste nos estudos sobre a esquizofrenia: Jung realizou os testes que levaram Eugen Bleuler a definir o que antes era chamado de demência precoce como o quadro conhecido hoje como transtorno esquizofrênico;

▶ Outros conceitos de grande impacto em diversas áreas foram os arquétipos, utilizados por diversos meios de comunicação para atingir o público-alvo; os tipos de personalidade, que dividiram os seres humanos entre introvertido e extrovertido e abriram caminho para os seis tipos – que viriam a se tornar dezesseis com a tipologia Myers-Briggs;

▶ Entre os responsáveis por manter a teoria viva e atualizada, Emma Jung, Marie Louise Von Franz, Toni Wolff, Edward Withmount, Katharine Cook Briggs e Isabel Briggs Myers se destacam como grandes colaboradores;

▶ Além desses, a psiquiatra brasileira Nise da Silveira seguiu a linha analítica e contribuiu para desenvolver o tratamento humanizado de casos de esquizofrenia no Brasil e os ideais que viriam a se tornar a terapia assistida por animais (TAA).

5

CONTROVÉRSIAS E CRÍTICAS

Além do famoso rompimento da amizade com Sigmund Freud, o suíço Carl Gustav Jung pode ser lembrado como protagonista de vários acontecimentos polêmicos ou, no mínimo, mal explicados. Afinal, até hoje existe grande disparidade sobre o valor científico dos conceitos junguianos, muitas vezes acusados de se tratarem de ocultismo e charlatanismo. De fato, desde aproximação com o Nazismo até escândalos envolvendo pacientes, o pai da psicologia analítica se envolveu em diversas situações delicadas para sua imagem.

Antissemita?

Uma das acusações que mais perseguiram Jung durante sua vida foi a de antissemitismo. Apesar de não passarem de especulações, há informações históricas sobre um suposto envolvimento do suíço com a ideologia nazista. Em 1933, ano em que Adolf Hitler se tornou chanceler e estabeleceu o Nazismo, o psiquiatra foi escolhido para presidir a Sociedade Internacional de Psicoterapia, com sede em Berlim, pois o médico alemão Ernst Kretschmer se recusou a continuar na direção. Carl, então, passava a ter seu nome vinculado à revista científica publicada pela Sociedade – a qual, logo na troca de presidentes, trazia o anúncio, por parte do reorganizador Dr. Goering, de que a tarefa dos especialistas da psicoterapia era unir os médicos alemães no espírito do governo Nacional-Socialista (o Nazismo).

No entanto, muitos defendem que Jung assumiu a posição porque era necessário que um médico não judeu ficasse à frente da presidência para garantir que a associação continuasse a existir mesmo sob o domínio nazista. Após ter se esforçado para tornar a organização internacional, o suíço deixou seu posto e escreveu um artigo chamado *Wotan*, no qual narra seu horror ao Nazismo e caracteriza a terra germânica como um lugar de catástrofes espirituais, onde a efervescência do espírito agressivo tomava conta da população. Tal publicação provocou a ordem de Hitler para queimar suas obras na Alemanha.

Uma questão delicada

Outras acusações de antissemitismo dizem respeito a um evento mais específico, como apontado no artigo *Um momento perigoso: Jung e o Nazismo*, de Ulianov Reisdorfer. Na publicação de um texto no Caderno Suplementar Alemão da associação, em 1934, intitulado *A Situação Atual da Psicoterapia*, o suíço teria afirmado que a psique judaica seria inerentemente diferente da alemã. No texto, Jung se utiliza de argumentos que não fogem às suas teorias, afirmando que, como o inconsciente coletivo se expressa de maneira particular em diferentes povos e culturas, pois estes têm suas maneiras de passar conhecimento e de interpretar os mesmos, naturalmente haveria diferenças entre o inconsciente judeu e o alemão.

As diferenças apontadas por Carl, no entanto, se direcionavam também a fortes críticas à teoria de Freud, psicanalista judeu, e, pior, precisamente em um contexto de ascensão do regime de Adolf Hitler. Esse fato é apontado por alguns críticos como demonstração de que, caso não tenha sido antissemita, Jung foi, no mínimo, oportunista – se aproveitando do que viria a ser um dos maiores horrores da humanidade para promover a própria imagem.

Racionalismo

Desde o começo do século XX, a ciência dos fenômenos exatos passou, aos poucos, a se sobrepor às outras já existentes. Assim, é considerado estudo científico aquele que se baseia, acima de tudo, na racionalidade – o pensamento lógico, com resultados exatos. Além disso, o materialismo também substituiu, em certa medida, a possibilidade de encontrar sentidos e ainda verdades que transcendem a Humanidade.

Carl Jung pouco se importou com essa tendência e não escondeu suas fontes de pesquisa sobre esoterismo, misticismo, religiões, lendas e mitos. Esse é um dos motivos pelos quais, nos dias atuais, a teoria junguiana vem ganhando novas perspectivas: a tendência à espiritualidade e o valor dos símbolos volta a ganhar força, aos poucos.

Ocultista?

Outra característica da teoria junguiana que mais gera críticas e suspeitas nos críticos é o modo dito "místico" com o qual Jung enxergava o mundo. Além do conceito de inconsciente coletivo, que já sugere que existem estruturas que transcendem o ser humano — e que difere fundamentalmente da teoria freudiana, por exemplo, na qual todas as estruturas que compreendemos são formadas pela nossa própria psique —, o psicólogo também estudava alquimia e tarô, além de afirmar que existe algo além da morte esperando a todos.

Essa diferença foi essencial para o processo de ruptura entre Jung e Freud, além das divergências quanto ao papel da libido (este fundamental na teoria de Sigmund). Também foi motivo para que muitos críticos se referissem a Carl como um charlatão ocultista, principalmente pelo fato de o psicólogo se utilizar de tradições esotéricas do passado para formular algumas de suas teorias.

Curioso

Aqueles que defendem Jung afirmam que, sem essa curiosidade com o que alguns consideram ocultismo, ele não teria sido capaz de formular suas teorias mais importantes: o inconsciente coletivo e os arquétipos. Isso porque um dos preceitos básicos do suíço é a ideia de que o ser humano é muito mais do que um organismo racional – e deve buscar ser mais. No final do século XIX – e até os dias de hoje –, a racionalidade sobrepõe aspectos essenciais do espectro da psique humana, como os mitos e lendas dos antigos, segundo a teoria junguiana. Carl, então, interessou-se em descobrir como as pessoas que não tinham o mesmo desenvolvimento científico que ele dispunha julgavam o modo que o universo funcionava.

Eu sei

Apenas dois anos antes de sua morte, Jung fez aquela que seria, provavelmente, sua última afirmação polêmica. No programa televisivo *Face to face* (cara a cara, em tradução livre), o entrevistador John Freeman pergunta ao psiquiatra suíço se ele acredita em Deus, e recebe a resposta: "eu sei. Não preciso acreditar, eu sei". Pouco depois, no entanto, Carl se disse arrependido de não ter explicado melhor suas palavras, deixando uma mensagem ambígua e aberta a contradições.

Amores polêmicos

Jung foi um homem cercado da companhia feminina, especialmente no âmbito profissional. O problema era que, às vezes, o psiquiatra não separava bem o estudo clínico de uma cliente da aproximação amorosa, inclusive ignorando o casamento —

literalmente, tendo em vista que levava uma das amantes para trabalhar com ele em casa.

Na atualidade, parece natural entender que alguns tipos de profissão impedem que haja relacionamento afetivo com o cliente. No caso de profissionais de saúde mental e psíquica, essa regra é mais clara ainda, principalmente pelo estado de fragilidade que se encontra a pessoa que procura ajuda e o consequente poder do profissional que a oferece.

Pode-se imaginar que, no início do século XX, o perigo da relação paciente-terapeuta ainda não tivesse sido notado. Contudo, Freud apontou exatamente esse obstáculo já em 1912, na obra *A dinâmica da transferência*, em que explica os fenômenos do apego pessoal do psicanalista ao paciente e vice-versa – o conceito de transferência foi utilizado por ele pela primeira vez em 1895.

> A relação entre paciente e profissional, no campo da saúde mental, apresenta riscos que já eram apontados por Sigmund Freud desde 1912.

Em 1904, Jung conheceu a primeira paciente com quem teria uma relação polêmica: a russa Sabina Spielrein, a quem ele tratava um quadro de histeria. Como foi descoberto em 1977, com a publicação de 46 correspondências entre Jung, Freud e Spielrein, o desfecho do relacionamento foi danoso para todos os envolvidos. Depois que Sabina teve alta, continuou sendo acompanhada de perto pelo médico, que considerava a amizade necessária para o bem da mulher.

No entanto, o envolvimento entre os dois já passava da amizade. Spielrein escrevia à mãe contando sobre sua paixão pelo suíço, enquanto

Jung escrevia à Freud alegando ter noção do que estava acontecendo e que sabia lidar com a situação.

Anos mais tarde, como relatado nas correspondências entre Carl e Sigmund, Sabina teria causado um escândalo público. Numa carta datada de 4 de junho de 1909, Jung relatou que o motivo da ira de sua ex-paciente foi "negar a ela o prazer de ter um filho meu". Na época, Emma Jung, esposa do psicólogo, mandou uma carta para a mãe de Spielrein, avisando que o marido arruinaria a garota. Sabina se tornou psicanalista e é lembrada pelo conceito de pulsão de morte, que seria a vontade inata dos seres humanos em se autodestruir.

Dois anos depois da separação com a russa, em 1911, Jung teve um caso que durou mais de uma década. Toni Wolff havia perdido seu pai em 1909, e se consultou com o suíço até 1911 para tratar depressão. Depois, sugeriu que os dois iniciassem uma aproximação, visto que Jung teria se impressionado com o intelecto da futura primeira presidente do Clube Psicológico de Zurique. Começaram a trabalhar juntos e Toni, inclusive, ajudou Jung a conceituar alguns arquétipos (como *anima* e *animus*).

O relacionamento, no entanto, não era apenas profissional: Jung declarava abertamente o romance e chegou a chamar a discípula de sua "segunda esposa" — visto que se mantinha casado com Emma Jung. Durante os trabalhos em conjunto, Toni passava tardes na casa de Carl e até jantava com a família.

A separação ocorreu no início da década de 1930, quando o médico começou a estudar a alquimia e as relações desta com o processo de individuação. Wolff acreditava que isso poderia tirar a credibilidade da teoria junguiana e se recusou a seguir esse caminho.

PARA FIXAR NA MEMÓRIA

▶ Uma das acusações que mais acompanhou a trajetória de Carl Jung foram as acusações de antissemitismo;

▶ Jung assumiu a presidência da Sociedade Internacional de Psicoterapia em Berlim quando Hitler subiu ao poder do governo alemão, assim como a direção da revista científica da sociedade, que era abertamente vinculada aos ideais nazistas;

▶ Além disso, ele mesmo escreveu um artigo apontando diferenças entre a psique judaica e a alemã – a primeira, segundo ele, dependendo de uma "nação-base" para cultivar a própria cultura;

▶ Jung também foi – e é, até hoje – acusado de ocultista e charlatão por muitos críticos, devido à aproximação de sua teoria com estudos sobre alquimia, tarô, mitos, lendas e religiões;

▶ Durante mais de dez anos, Carl teve um relacionamento extraconjugal com Toni Wolff, que havia sido sua paciente e seguiu como discípula e amante.

Fontes consultadas

Andrezza Ferrari, terapeuta vibracional e pós-graduada em psicologia junguiana;

Angela Philippini, psicóloga com especialização em arteterapia de abordagem junguiana;

Cristianne Vilaça, psicóloga junguiana;

Dulce Helena Briza, psicóloga, fundadora do Instituto Junguiano do Paraná e do Instituto de Psicologia Analítica de Campinas (SP), além de membra da *International Association for Analytical Psychology* (IAAP);

Érico Bruno Viana Campos, psicólogo e psicoterapeuta de orientação psicanalítica;

Guilherme Scandiucci, psicólogo, professor universitário, doutor em psicologia pelo Instituto de Psicologia da Universidade de São Paulo (Ipusp) e membro do Instituto Junguiano de Ensino e Pesquisa (Ijep);

João Rafael Torres, psicoterapeuta e analista junguiano;

Laís Helena da Rocha, médica, psicoterapeuta e hipniatra;

Lilian Wurzba, psicóloga especialista em psicologia analítica, mestre e doutora pela PUC-SP.

Liliana Liviano Wahba, professora doutora da Pontifícia Universidade Católica de São Paulo (PUC-SP), coordenadora do Programa de Estudos Pós-Graduados em Psicologia Clínica da PUC-SP, analista junguiana;

Marcia Tabone, psicoterapeuta com formação junguiana e transpessoal, doutora em psicologia clínica, especialista em psicologia e psicoterapia junguiana e coordenadora do curso de pós-graduação em psicologia transpessoal na Universidade Paulista (Unip);

Maria Cristina Mariante Guarnieri, psicóloga especialista em psicologia junguiana, doutora em ciências da religião e professora do Instituto Junguiano de Ensino e Pesquisa (Ijep);

Maria Cristina Urrutigaray, psicóloga junguiana e mestre em psicopedagogia pela Universidad de la Habana (Cuba);

Maria Helena R. Mandacarú Guerra, psicoterapeuta junguiana;

Mauro Gertner, psicanalista com experiência em análise junguiana;

Mônica Helena Weirich de Santana, psicóloga, arteterapeuta e membro do Instituto Junguiano do Rio de Janeiro (IJRJ), Associação Junguiana do Brasil (AJB) e *International Association for Analytical Psychology* (IAAP), além de especialista em psicologia junguiana e dependência química;

Paula Tavares da Cunha Melo, psicóloga junguiana, coordenadora de grupos de estudos em terapia junguiana e professora universitária em Niterói (RJ);

Pedro Teixeira Carvalho, psicólogo junguiano, doutorando em psicologia social da Universidade de São Paulo (USP), coordenador de grupos de estudos e professor de psicologia analítica;

Rosa Brizola Felizardo, psicóloga-analista junguiana e presidente do Instituto Junguiano do Rio Grande do Sul;

Sandra Midori Kuwahara Sasaki, psicóloga junguiana; Viviani Burke, psicóloga junguiana e orientadora profissional.

Livros consultados

Animus e Anima - Animus e Anima: Uma Introdução à Psicologia Analítica sobre os Arquétipos do Masculino e Feminino Inconscientes. Emma Jung. São Paulo: Editora Cultrix, 2020.

Carl Gustav Jung. Danielle Kaswin-Bonnefond. Minas Gerais: Editora Biblioteca Nueva, 2006.

Fundamentos da psicologia analítica. Carl Gustav Jung. Rio de Janeiro: Editora Vozes, 2017.

Jung – Vida e Obra. Nise da Silveira. Rio de Janeiro: Editora Paz e Terra, 1997.

Sincronicidade. Carl Gustav Jung. Rio de Janeiro: Editora Vozes, 2004.

Tipos Psicológicos. Carl Gustav Jung. Rio de Janeiro: Editora Vozes, 2011.

Tipos Psicológicos. Carl Gustav Jung. Rio de Janeiro: Editora Vozes, 2011.

Artigos, dissertações e sites consultados

A Teoria dos Tipos Psicológicos, escrito por Elvina Lessa e publicado pelo Instituto Junguiano do Rio de Janeiro em 2015, disponível em https://bit.ly/30lmsaZ.

Jung to Freud 1905: a report on Sabina Spielrein, escrito por Bernard Minder e traduzido do alemão por Barbara Wharton em 2001.

Mandala: um estudo na obra de C. G. Jung, escrito por Monalisa Dibo e publicado na revista Último Andar da Pontifícia Universidade Católica de São Paulo (PUC-SP) em 2006.

A *Tender love and transference: unpublished letters of C. G. Jung and Sabina Spielrein*, escrito por Zvi Lothane e publicado em 1999.

Estrelando: "Jung e Sincronicidade" com a psicóloga Iara Chalela, publicado em 2014 e disponível em *https://bit.ly/2TOwgb0*.

Face to face Jung, televisionado pela BBC, apresentado por John Freeman em 1959 e disponível em *https://bit.ly/2t2Q6Cy*.

Matter of Heart, dirigido por Mark Whitney, lançado em 1985 e disponível em *https://bit.ly/2Fu62EK*.

Myers–Briggs Type Indicator, disponível em *https://bit.ly/33JZGLW*.

Segunda edição (outubro/2022) · Segunda reimpressão
Papel de miolo Lux cream 70g
Tipografia Colaborate, Cheddar Gothic Sans e Visby
Gráfica Santa Marta